DIONYS. FRANC.
SECOUSSE; EQUES IN PARIS.
CURIA PATRO. ET é REG. HUMAN.
LITTER. ACAD. 17

DESCRIPTION

DU

MONUMENT

ERIGÉ

A LA GLOIRE DU ROY

PAR

M. LE MARESCHAL DUC DE LA FEUILLADE.

AVEC

LES INSCRIPTIONS DE TOUT L'OUVRAGE.

A PARIS,

Par SEBASTIEN MABRE-CRAMOISY,
Imprimeur du Roy, & Directeur de son Imprimerie Royale.

M. DC. LXXXVI.

AVEC PRIVILEGE DE SA MAJESTE'.

DESCRIPTION
DU
MONUMENT
ERIGÉ
A LA GLOIRE DU ROY
PAR M. LE MARESCHAL
DUC DE LA FEUILLADE.

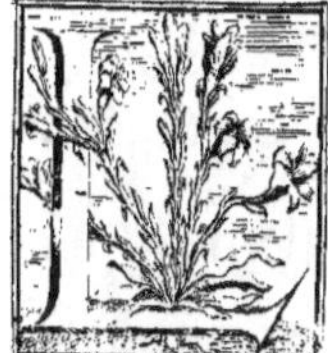L E Monument que M. le Duc
de la Feuïllade a érigé à la
gloire de Sa Majesté, est non
seulement le plus superbe
Monument, que jamais aucun Sujet ait éle-

vé à la gloire de son Prince; mais il surpas-
se mesme, en magnificence, la pluspart de
ceux qui ont esté érigez par les Provin-
ces entieres & par tout le Peuple Romain,
à la gloire des plus grands Empereurs. Ce
Monument est posé dans un des plus beaux
quartiers de Paris, & au milieu d'une Place
de quarante toises, qui a esté faite exprés, &
où aboutissent cinq grandes ruës : mais parce qu'elle n'est pas encore embellie comme
elle doit l'estre, on n'en dit rien maintenant
de plus particulier. M. le Duc de la Feuïllade
a donné la moitié de cette Place, & a fait ab-
batre pour cét effet la plus grande partie de
son Hostel ; & la Ville de Paris a fait une
dépense de plus de quatre cens mille francs
pour l'autre moitié, sous les ordres de M. le
Président de Fourcy Prevost des Marchands.
Pour venir maintenant à la description du
Monument, il consiste principalement en
une Statuë de bronze du Roy, de treize pieds
de haut, où le Roy est représenté debout,

reveftu de fes habits Royaux, & ayant un Cerbere fous les pieds, qui marque la triple alliance dont Sa Majefté a fi glorieufement triomphé. Derriere la Statuë du Roy eft une Victoire, de mefme grandeur, qui pofe un pied fur un Globe, & qui ayant tout le refte du corps en l'air, met d'une main une Couronne de laurier fur la tefte du Roy, & tient des palmes de l'autre : & aux pieds de la Statuë du Roy font ces mots, *Viro immortali,* qui donnent, en abregé, une haute idée de la gloire immortelle que Sa Majefté s'eft aquife, par la grandeur de fes actions. Les deux Figures du Roy & de la Victoire, avec le Cerbere & le Globe fur lefquels elles portent, font un groupe de feize pieds de haut. Un cafque, un bouclier, un faifceau d'armes, une maffuë d'Hercule, & une peau de Lion paroiffent derriere les deux Figures : & ce qui eft de prodigieux, c'eft que le groupe, avec tout ce qui l'accompagne, eft d'un feul jet, & pefe plus de trente milliers. Le

Piedeſtal ſur lequel il eſt élevé, eſt de marbre blanc veiné,& de vingt & deux pieds de haut; & il eſt orné d'architecture avec des corps avancez en bas, aux quatre coins deſquels ſont quatre Captifs ou Eſclaves de bronze, d'onze pieds de proportion chacun, accompagnez de grand nombre de Trophées auſſi de bronze. Ces quatre Eſclaves ſont aſſis & enchaiſnez par des chaiſnes de bronze qui tiennent au Piedeſtal; & la diverſité des paſſions, qui ſont exprimées par leurs différents airs de teſte, & leurs différentes attitudes, convient parfaitement bien à la différence des âges, dans leſquels ils ſont repréſentez. Celuy qui eſt ſur l'angle de la face de devant, à la droite de la Statuë du Roy, repréſente un vieillard, qui par ſa poſture courbée & par tout l'air & les traits de ſon viſage, marque un accablement & une deſolation extréme. Une eſpece de manteau à la Romaine luy couvre une partie du corps; & il a à ſes pieds un caſque, un carquois, deux boucliers, deux bouts

de pique, une eſpée, & une enſeigne Romaine. Celuy qui eſt à l'autre angle & ſur la meſme face, eſt un jeune homme de vingt à vingt-
cinq ans, preſque tout nud. Il a la teſte élevée
en haut vers la Statuë du Roy, comme pour
en implorer la clemence, en faveur de ſon âge;
& à ſes pieds ſont une enſeigne Romaine, un
belier, un caſque, un bouclier, une pertui-
ſane, deux piques, & une eſpée avec ſon
fourreau. L'Eſclave qui eſt ſur la face de
derriere du Piedeſtal & à l'angle gauche, eſt
un homme d'environ cinquante ans, habil-
lé à la maniere des anciens Daces. Il ſem-
ble s'écrier ſur ſon malheur, & déplorer ſon
infortune ; & on voit à ſes pieds & autour de
luy une enſeigne à la maniere des Daces, un
arc rompu, une hallebarde auſſi rompuë, un
aviron, un carquois, un faiſceau d'armes, &
une eſpée. Le quatriéme eſclave qui eſt à l'autre angle eſt preſque nud : il marque un homme dans la force de l'âge, qui regarde en haut
avec un air de dépit & d'indignation, comme

murmurant contre le ciel, & contre la fortu-
ne; & il a à ſes pieds un aviron, un caſque, un
bouclier, une trompe à feu, un faiſceau d'armes,& une hache.Au deſſous de ces Eſclaves,
& entre les corps avancez, ſont quatre grands
ronds de bronze, ornez de feſtons : ceux des
deux faces contiennent la dédicace & le ſujet
de tout l'ouvrage en Latin & en François;
& ceux des coſtez ſont deux bas-reliefs,
dont l'un repréſente l'aboliſſement des Duels,
& l'autre la deſtruction de l'Héréſie. Quatre autres bas-reliefs de bronze, de ſix pieds
de long ſur quatre de haut, rempliſſent les
faces & les coſtez du corps du Piedeſtal : &
l'un a pour ſujet, la préféance de la France
reconnuë par l'Eſpagne en 1662. l'autre, le
fameux paſſage du Rhin; l'autre, la derniere
conqueſte de la Franche-Comté ; & le quatriéme, la Paix de Nimegue. Les Inſcriptions, qui ſervent à expliquer les deux bas-
reliefs, qui ſont entre les corps avancez, ſont
gravées en lettres d'or, ſur le marbre meſme ;

&

& celles des quatre autres bas-reliefs font ef-
crites en lettres de bronze doré à feu, fur les
frifes de bronze, qui font au deffus. A cofté
de ces frifes, & au deffous de la corniche du
Piedeftal font huit confoles de bronze, cha-
cune de quatre pieds de haut : & fur le haut
du Piedeftal, dans les deux faces font les Armes du Roy en bronze, entourées de lauriers
& de palmes ; & dans les deux coftez, fa De-
vife environnée auffi de lauriers. Tout l'ef-
pace au tour du Piedeftal, jufqu'à neuf pieds
de diftance des marches d'en bas, eft pavé de
marbre, & fermé par une grille de hauteur
d'appuy : & comme l'Infcription en vers, pour
la Statuë du Roy, n'a pû eftre mife au corps
du Piedeftal, elle fera mife fur le devant de
cette grille, en lettres qui feront de bronze
doré à feu, de mefme que celles de toutes les
autres Infcriptions.

Voilà à peu prés ce qui regarde la Statuë
du Roy avec fon Piedeftal : & le fieur des
Jardins qui a tout éxécuté, fe peut vanter

B

avec raifon, que non feulement, quant à la beauté du deffein, & à la nobleffe des Figures, il a égalé ce qui nous refte de plus beau de l'Antiquité ; mais qu'auffi, quant à la hardieffe de l'éxécution & de la fonte, il a efté au-delà de tous ceux qui ont travaillé en bronze ; n'y ayant aucune connoiffance qu'il fe foit jamais fait, d'un feul jet, aucun ouvrage de fonte fi grand & fi rempli en mefme temps de chofes & d'attitudes différentes, que le groupe du Roy & de la Victoire, avec tout ce qui l'accompagne.

Il refte maintenant à parler des quatre groupes de colomnes, qui font aux avenuës de la Place, à quatre diftances égales du Piedeftal, & qui portent quatre grands Fanaux de bronze doré d'or moulu, de dix pieds de haut, deftinez pour éclairer la Place toute la nuit, par le moyen des feux dont M. le Duc de la Feuïllade a fondé l'entretien pour toûjours. Ces groupes font chacun de trois colomnes de marbre jafpé, d'ordre Dorique,

poſées en triangle; & avec leur Piedeſtal,
baze, chapiteau & corniche architravée, ils
ont trente-quatre pieds & un pouce de
haut. Le Piedeſtal eſt de marbre blanc veiné, avec des tables de bronze ſur chaque
face: les baſes & chapiteaux ſont auſſi de
marbre blanc veiné: la corniche eſt de marbre jaſpé; & au deſſus eſt un ſocle de marbre blanc & noir, ayant une gorge de deux
pieds de haut, ſur laquelle ſont les Chiffres
du Roy, dans un cartouche de bronze, a-
vec des cornets d'abondance. Sur chaque
face de corniche eſt un grand muſle de Lion,
qui tient un anneau, d'où pendent trois bas-
reliefs entourez de guirlandes de laurier;
& chaque groupe de colomnes eſt chargé
de ſix bas-reliefs: de ſorte qu'il y en a en
tout vingt & quatre, qui repréſentent vingt
& quatre des principales actions du Re-
gne de Sa Majeſté, & au haut deſquels
les titres de chaque ſujet ſont eſcrits. On
a eſté obligé de ſe réduire à ce nombre,

B ij

pour ne pas charger les colomnes de trop
d'ornements; & mefme on s'eft reftraint
aux évenements arrivez depuis la Paix des
Pyrénées, à la réferve de la bataille de Ro-
croy, qui ayant efté gagnée à l'avenement
du Roy à la Couronne, a efté mife à la tefte
de tout, comme l'heureux préfage de tant de
grandes chofes que nous avons veûës depuis. Il n'y a encore qu'une partie de ces
bas-reliefs qui foient éxécutez, parce qu'il n'y
a pas eû affez de temps pour les faire tous:
de-forte que comme on n'a pas jugé à propos
de placer les uns fans les autres, on a mis, en
attendant, fur chaque groupe de colomnes
de fimples ronds de ftuc, avec des guirlandes. C'eft pareillement faute de temps que
les tables de bronze, où doivent eftre les Infcriptions en vers de chaque action, n'ont
pas encore efté placées dans les faces du Piedeftal de chaque groupe: mais l'affiduité a-
vec laquelle on travaille à ce qui refte à faire, donne lieu d'efpérer que tout ne tardera

gueres à eſtre entierement achevé. Ces Inſcriptions auſſi-bien que celles de tout l'ouvrage ont eſté compoſées par M. l'Abbé Regnier ; & il les a miſes en vers François, afin que les loûanges de Sa Majeſté puſſent eſtre entenduës de plus de perſonnes.

Pour faire cependant paſſer dans toutes les nations & dans tous les ſiecles un Monument ſi illuſtre, & élevé à la gloire d'un ſi grand Prince, M. le Duc de la Feuïllade a fait fraper une Médaille, où d'un coſté eſt la teſte du Roy, avec l'Inſcription *Ludovicus Magnus* ; & de l'autre la figure du Monument, avec ces mots autour, *Patri Exercituum & Ductori ſemper felici,* qui ſont tirez de l'Inſcription générale de tout l'ouvrage. Du meſme coſté & dans l'Exergue ſont ces autres mots, *Unus inter Proceres poſuit in Areâ publicâ Lutetiæ,* qui marquent ſimplement que ce Monument a eſté érigé au Roy, par un des grands Seigneurs de ſa Cour : & non ſeulement cette Médaille a esté frapée en argent & en bronze, pour le public; mais on en a frapé aussi une assez grande quantité en or, pour en envoyer à tous les Potentats de la Terre.

Au reste, comme plusieurs personnes semblent estre prévenuës, qu'il n'y a rien de plus convenable pour un Monument public, qu'une Statuë Equestre, avec un habillement à la Romaine; il est bon de les éclaircir en peu de mots, pourquoy dans un Monument si superbe & si magnifique que celuy-cy, on a choisi une autre sorte de figure & d'habillement. On a donc représenté le Roy en pied, pour pouvoir mieux exprimer la noblesse de sa taille & de sa bonne mine, & cét air de grandeur & de majesté qui le distingue si fort des autres hommes; & on l'a revestu de ses habits Royaux, parce que cette sorte d'habillement est si particulier à nos Rois, que mesme par là ils sont distinguez de tous les Rois de la Terre.

INSCRIPTION LATINE
de la dédicace & du sujet de tout l'ouvrage.

LUDOVICO MAGNO
PATRI EXERCITUUM
ET DUCTORI
SEMPER FELICI.

DOMITIS HOSTIBUS. PROTECTIS SOCIIS.
ADJECTIS IMPERIO FORTISSIMIS POPULIS.
EXTRUCTIS AD TUTELAM FINIUM FIRMIS-
SIMIS ARCIBUS. OCEANO ET MEDITERRA-
NEO INTER SE JUNCTIS. PRÆDARI VETITIS
TOTO MARI PIRATIS. EMENDATIS LEGIBUS.
DELETA CALVINIANA IMPIETATE. COMPUL-
SIS AD REVERENTIAM NOMINIS GENTIBUS
REMOTISSIMIS. CUNCTISQUE SUMMA PRO-
VIDENTIA ET VIRTUTE DOMI FORISQUE
COMPOSITIS.

FRANCISCUS VICECOMES D'AUBUSSON DUX DE LA FEUILLADE,
ex Francia Paribus, & Tribunis Equitum unus, in Allobrogibus
Prorex, & Pratorianorum Peditum Præfectus.

AD MEMORIAM POSTERITATIS SEMPITERNAM
P. D. C.

LA

LA MESME INSCRIPTION
en François.

A LOUIS LE GRAND
LE PERE ET LE CONDUCTEUR
DES ARMEES
TOUJOURS HEUREUX.

APRE'S AVOIR VAINCU SES ENNEMIS. PRO-
TEGE' SES ALLIEZ. ADJOUSTE' DE TRES-PUIS-
SANTS PEUPLES A SON EMPIRE. ASSEURE'
LES FRONTIERES PAR DES PLACES IMPRENA-
BLES. JOINT L'OCEAN A LA MEDITERRANE'E.
CHASSE' LES PIRATES DE TOUTES LES MERS.
REFORME' LES LOIX. DESTRUIT L'HERESIE.
PORTE' PAR LE BRUIT DE SON NOM LES NA-
TIONS LES PLUS BARBARES A LE VENIR RE-
VERER DES EXTREMITEZ DE LA TERRE. ET
REGLE' PARFAITEMENT TOUTES CHOSES AU
DEDANS ET AU DEHORS PAR LA GRANDEUR
DE SON COURAGE ET DE SON GENIE.

FRANCOIS VICOMTE D'AUBUSSON DUC DE LA FEUILLADE,
Pair & Marefchal de France, Gouverneur du Dauphiné,
& Colonel des Gardes Françoifes.

POUR PERPETUELLE MEMOIRE A LA POSTERITE'.

C

INSCRIPTION
POUR
LA STATUE
DU ROY.

*T*Ali se ore ferens, Orbi & Sibi, jura modumque
Dat LODOIX; famamque affectat vincere factis.

TEl est le grand LOUIS, en son air, en ses traits :
Tel, dans le haut éclat de sa gloire supresme,
Il impose des loix, à la Terre, à Luy-mesme ;
Et voit sa renommée au dessous de ses faits.

INSCRIPTIONS
des Bas-reliefs du Piedeſtal.

LA PRESEANCE DE LA FRANCE
RECONNUE PAR L'ESPAGNE. 1662.

INdocilis quondam potiori cedere Gallo,
Ponit Iber tumidos faſtus, & cedere diſcit.

EN vain, au premier Roy de l'Empire Chreſtien,
Tu veux, ſuperbe Eſpagne, égaler ta Couronne :
Louis, jaloux du droit que ſon Sceptre luy donne,
Te force à reconnoiſtre, & ſon rang, & le tien.

LE PASSAGE DU RHIN. 1672.

GRanicum Macedo, Rhenum ſecat agmine Gallus :
Quiſquis facta voles conferre, & flumina confer.

LE Grec fend le Granique, avecque ſes drapeaux ;
Et le François armé paſſe le Rhin à nage :
Qui voudra comparer l'un & l'autre paſſage,
Que d'un fleuve & de l'autre il compare les eaux.

C ij

LA DERNIERE CONQUESTE

DE LA FRANCHE-COMTE'. 1674.

SEquanicam Cæsar gemino vix vincere Gentem,
Mense valet; LODOIX ter quintâ luce subegit.

ET César & LOUIS, dans leur rapide cours,
N'ont rien qui les égale, & rien qui les arreste :
Tous deux, ardents à vaincre, ont fait mesme conqueste ;
Mais César, en deux mois ; LOUIS, en quinze jours.

LA PAIX DE NIMEGUE. 1678.

AUgustus, toto jam nullis hostibus Orbe,
Pacem agit : armato LODOIX Pacem imperat Orbi.

QUand l'Univers est las des fureurs de la guerre,
Le temple de Janus par Auguste est fermé :
Il accorde la Paix aux besoins de la Terre ;
Et LOUIS la commande à l'Univers armé.

LES DUELS ABOLIS.

*I*Mpia, quæ licuit Regum componere nulli
Prælia, voce tuâ, LODOIX, *compofta quiefcunt.*

POur bannir les Duels, de l'Empire des Lis,
En vain nos plus grands Rois ont tout mis en ufage :
Le Ciel au feul LOUIS réfervoit cét ouvrage ;
Il parle, & pour jamais on les voit abolis.

L'HERESIE DESTRUITE. 1685.

*H*Ic laudum cumulus LODOICO *vindice victrix,*
Relligio, & pulfus male partis fedibus Error.

LA gloire de LOUIS eft icy toute fainte :
Les temples de l'Erreur qui tombent à fa voix,
L'Eglife qui triomphe, & l'Héréfie efteinte,
De fon zele chreftien font les dignes exploits.

INSCRIPTIONS
pour les Bas-reliefs des Colomnes.

PUGNA ROCRENSIS.

SPes datus in quantas, cui Regni, ævique sub ipso
Limine, læta quatit celeres Victoria pennas.

LA BATAILLE DE ROCROY. 1643.

QUe d'espoir aux Sujets, de crainte aux Ennemis
Donne un Roy qu'au berceau couronne la Victoire !
Mais par combien de faits d'immortelle mémoire
L'a-t-on veû surpasser ce qu'il avoit promis ?

DISCIPLINA MILITARIS RESTITUTA.

DEvictas refer huc, felix ô Gallia, Gentes,
Militiam tolerare sub hoc assueta Magistro.

LE RESTABLISSEMENT
de la discipline militaire.

FRance, si tes Guerriers sont vainqueurs en tous lieux,
Rends graces à LOUIS, au Ciel qui l'a fait naistre :
C'est à la Discipline, aux Leçons d'un tel Maistre,
Que tu dois aujourd'huy ton estat glorieux.

SERVATI ARMIS BATAVI.

REx Batavos armis servat; sed clade monendi,
Quantâ olim, meriti exciderit si gratia tanti!

LES HOLANDOIS SECOURUS
dans la guerre de Munster. 1664.

DEs Bataves, LOUIS se rend le Protecteur :
Quel chastiment, un jour, pourroit estre assez rude,
S'il arrivoit jamais que leur ingratitude
Pust leur faire oublier un tel Liberateur?

PUGNA AD ARRABONEM
IN PANNONIA.

ET Thraces sensere queat quid Gallica virtus :
Arrabo cæde tumens, & servata Austria testis.

LE COMBAT DE SAINT GOTARD
en Hongrie. 1665.

L'Ottoman qui marchoit fier & victorieux,
N'a-t-il pas du François la valeur éprouvée?
Le Rab grossi de sang, & l'Austriche sauvée
En seront à jamais des tesmoins glorieux.

EXPEDITIO PRIMA BELGICA.

DOtales LODOIX *Urbes, reddique negatas,*
Marte palam, & juſtis ultor ſibi vindicat armis.

LA PREMIERE CAMPAGNE
de Flandres. 1667.

Tournay, Douay,
Lille, Bergues, &c.
pris en 1667.

POur ſe faire juſtice, & maintenir ſes droits,
LOUIS ſe voit forcé d'avoir recours aux armes :
Tout cede, tout fait joug, aux premieres alarmes ;
Et ce n'eſt que luy ſeul qui borne ſes exploits.

JURA EMENDATA.

L Egibus hunc unum decuit, normamque modumque
Ponere, qui leges ſupra, ſe lege coërcet.

LA REFORMATION
de la Juſtice. 1667.

LOUIS dans ſes Eſtats fait refleurir Themis,
Rend aux Loix leur vigueur & leur pouvoir ſupreſme,
Et montre, en voulant bien s'y ſoumettre luy-meſme,
Qu'il mérite de voir à ſes Loix tout ſouſmis.

JUSSA

JUSSA ERIGI ET CONCESSA
TOLLI VINDEX LÆSI LEGATI MOLES.

REx memorem infandi casus dat tollere molem:
Roma, fovere pium, læsumque timere memento.

LA PIRAMIDE ELEVÉE,
& ensuite abbatuë par la permißion du Roy.
1664. 1668.

UN mesme lustre a veû, par mesme autorité,
La Piramide à Rome, érigée & destruite :
Rome, connoi L O U I S ; & desormais instruite,
Redoute sa colere, & cheri sa bonté.

TRAJECTUM AD MOSAM CAPTUM.

FUlminat ad Mosam L O D O I X ; & milite frustra,
Defensas denso Trajecti dejicit Arces.

LA PRISE DE MASTRIK. 1673.

SUr la Meuse L O U I S fait entendre sa foudre ;
Et tout ce qu'eut Mastrik de nombreux combatants ;
Ou reste enseveli, sous ses remparts en poudre,
Ou reduit aux abois, se rend en peu de temps.

D

PUGNA SENEFFENSIS.

IN Gallum junéta arma movent, Germanus, Iberque,
Et Batavus; cedit forti victoria Gallo.

LA BATAILLE DE SENEF
1674.

Contre le seul François, Germain, Batave, Ibere,
Font marcher fierement leurs bataillons serrez;
Seul il suffit à tous, par sa valeur guerriere,
Et rompt les ennemis contre luy conjurez.

FUSI TRIBUS PRÆLIIS GERMANI.

TEr Gallo adversis ausus concurrere signis,
Ter victus, patriâ jacuit Germanus arenâ.

LES TROIS COMBATS GAGNEZ
en Allemagne.

Sintzheim. 1674.
Ensheim. 1674.
Altenheim. 1675.

DEs François, en tous lieux, la valeur se signale;
Trois fois le fier Germain se mesure contre eux,
Et trois fois on le voit, dans sa terre natale,
Sous le fer du vainqueur, mordre le champ poudreux.

PUGNA NAVALIS
AD AUGUSTAM SICILIÆ.

HIspanæ & Batavæ concurrit Gallica claſſis;
Duxque cadit, fractis in quo ſpes hoſtibus una.

LE COMBAT NAVAL
auprés d'Auguſte en Sicile. 1676.

LE Batave & l'Ibere uniſſent leur pouvoir;
Et ſur mer au François diſputent la victoire:
Le François eſt vainqueur, & pour comble de gloire
Fait tomber, ſous ſes coups, leur Chef & leur eſpoir.

PUGNA NAVALIS
IN PANORMI PORTU.

POnto iterum Gallus tonat, urget, Iberaque in ignes
Claſſis abit, ſimul arma, viros, ſimul omnia volvens.

LE COMBAT NAVAL
au port de Palerme. 1676.

SUr le champ ſpacieux de l'Empire des Mers,
De nouveau le François preſſe, tonne, foudroye:
Les vaiſſeaux ennemis ſont aux flammes en proye,
Et les éclats fumants en volent dans les airs.

VALENTIANÆ VI CAPTÆ ET ILLÆSÆ.

TE Duce, te Domino, LODOIX, prona omnia Gallo,
Urbes vi capere, & docili quoque parcere captis.

VALENCIENNES
prise d'assaut, & sauvée du pillage. 1677.

QUels effets surprenants ne doit-on point attendre
Du soldat que LOUIS a pris soin d'enseigner?
En guerrier intrepide, il sçait tout entreprendre;
En modeste vainqueur, il sçait tout épargner.

PUGNA CASSELLENSIS.

PEr medias Batavorum acies, Fraterna PHILIPPUS
Arma gerens animosque, ruit Fratre auspice victor.

LA BATAILLE DE CASSEL
1677.

PLein du feu de LOUIS, l'impatient PHILIPPE
Marche intrépidement au Batave guerrier;
L'attaque avec vigueur, l'ébranle, le dissipe,
Et se couvre le front d'un immortel Laurier.

CAMERACUM CAPTUM.

Nullâ unquam propius, nec majus ab Arce periclum :
Victus Iber, victrix domitam vix Gallia credit.

LA PRISE DE CAMBRAY
1677.

QUelle place aux François fut jamais plus fatale ?
LOUIS, pour les venger la mesure des yeux ;
Et jette, en la forçant, une surprise égale
Dans l'esprit des vaincus & des victorieux.

INCENSA IN AMERICA
BATAVORUM CLASSIS.

ORbe alio victor, per aperta pericula mille
Infert Gallus ovans, inimicis navibus ignes.

LA FLOTTE DES HOLLANDOIS
bruslée à Tabago en Amérique. 1676.

DAns un autre Hemisphere à l'abri de ses forts,
La Flotte du Batave en vain croit se défendre :
Du François attaquée elle est réduite en cendre ;
Et d'effroy l'Amérique en tremble en tous ses bords.

CAPTUM IN STUDIUM PACIS
GANDAVUM.

Hiberno LODOIX, *quam reddere destinat, Urbem*
Marte rapit: tanta est condendæ gloria Pacis!

GAND PRIS,
pour forcer l'Espagne à la Paix. 1678.

POur contraindre l'Espagne à terminer la guerre,
Gand est en plein hiver par LOUIS emporté :
Tant l'ardeur de donner le repos à la terre
Fait trouver tout facile à son cœur indonté.

RESTITUTUS IN AGROS
GERMANICOS SUECUS.

*R*Eddere Germanos LODOIX *regnata Sueco*
Arva jubet, Danosque; Iader stupet, & stupet Albis.

LES SUEDOIS RESTABLIS
en Allemagne. 1679.

DU vaillant Suédois LOUIS prend la défense :
Les Germains, les Danois disputent vainement.
Par crainte, ou par respect, tout cede à sa puissance :
On voit l'Elbe & l'Oder saisis d'étonnement.

ARGENTORATUM ET CASALE,
UNA EADEMQUE DIE PARTA.

ERidani & Rheni geminam Arcem, sanguine nullo,
Una eademque dies, LODOICI adjudicat armis.

STRASBOURG ET CASAL
soufmis en un feul & mefme jour. 1681.

AU feul nom de LOUIS, Cafal devient François;
Strafbourg, à fon afpect, cede fans réfiftance;
Et tel eft fon pouvoir, que malgré leur diftance,
Un feul & mefme jour les range fous fes loix.

*LUCEMBURGIUM CAPTUM.

VIribus haud ullis quondam expugnabile Saxum,
Nunc domitum, Gallos, qua terruit, Arce tuetur.

LA PRISE DE LUXEMBOURG.
* 1684.

AUx armes de LOUIS, la nature, ni l'art
Ne peuvent oppofer que de foibles barrieres :
Luxembourg tombe enfin ; & des mefmes frontieres
Dont il fut la terreur, il devient le rempart.

*JUNCTA MARIA.

MIsceri tentata prius, semperque negata
Æquora, perpetuo LODOIX *dat fœdere jungi.*

LA JONCTION DES MERS.

POur joindre les deux Mers, on a veû d'âge en âge
Les plus grands Potentats faire de vains efforts :
Mais LOUIS, plus heureux, plus puissant, & plus sage,
De l'une & l'autre Mer joint pour jamais les bords.

DUX GENUÆ CUM SENATU SUPPLEX.

VAne Ligur, frustraque animis elate superbis,
Justitiam monitus disce, & non temnere Divos.

LES SOUSMISSIONS de Gennes. 1685.

DE l'Auguste LOUIS, vain & foible Genois,
Haste-toy promptement d'implorer la clemence ;
Et pour te dérober à sa juste vengeance,
Vien apprendre à ses pieds à respecter nos Rois.

PACATA

PACATA MARIA.

Mille rates Pompeius agens freta libera præstat;
Stans celso in solio LODOIX *maria omnia pandit.*

LES MERS RENDUES LIBRES
de Pirates. 1685.

Mille vaisseaux Romains, & Pompée à la teste,
De Pirates jadis ont delivré les Mers;
Et LOUIS, par sa foudre à tonner toûjours preste,
Rend des Mers, en tous lieux, les passages ouverts.

EX SCITHIA, LIBYA,
ET EXTREMA INDIA LEGATI.

*I*Ngentem LODOICUM *armis, famamque fidemque*
Egressum, Scithia & Libye venerantur & Indi.

LES AMBASSADES
des Nations éloignées.

ATtirez par le bruit du grand nom de LOUIS,
Le Scithe belliqueux, l'Indien, & le More,
Abandonnent le Nort, le Couchant, & l'Aurore;
Et tous, à son aspect, demeurent éblouïs.

Les Ambassadeurs de Moscovie, en 1668. 1681. & 1685. Ceux de Guinée en 1670. Ceux de Maroc & de Fez en 1682. Ceux de Siam en 1684. Ceux d'Alger en 1685.

E